SUR

LA PEINE DE MORT,

Par P. A. LEMARE,

Membre de l'Athénée des Arts, de la Société industrielle, de la Société grammaticale et littéraire *de Paris*, de la Société d'émulation du Jura, de celle de l'Aube, etc., Auteur des Cours de langue latine, de langue française et de lecture, Inventeur et fabricant de Caléfacteurs, *Docteur en Médecine.*

PARIS,

QUAI DE LA MONNAIE, N° 3.

30 SEPTEMBRE 1830.

OUVRAGES LITTÉRAIRES DE L'AUTEUR,

QUAI DE LA MONNAIE, N° 3.

———

1° *Cours de langue française ;* cinq mille exemples pris dans les auteurs classiques ; 2 vol. in-8°, 5° édit. Prix, 15 fr.

2° *Cours de lecture,* avec 68 figures et 48 contes, 6° édition. Prix, 3 fr.

3° *Clé du Pantographe,* formant un Traité complet d'orthographe usuelle, etc. ; 1 vol. in-8°. Prix, 3 fr.

    Nota. *Le Pantographe,* ou Bureau typographique, coûte séparément 12 fr.

4° *Jeux de lecture,* à l'instar de celui de l'oie, servant aussi d'atlas pour l'enseignement mutuel. Prix, 3 fr.

5° *Dictionnaire des rimes,* d'après un nouveau plan, où sont rapprochées toutes les analogies ; trois mille citations en vers. Prix, 7 fr. 50 cent.

SOUS PRESSE :

6° *Cours de langue latine* pour les maîtres, etc., contenant 4526 citations prises dans les auteurs latins classiques ; 1 vol. in-8°, 4° édit. Prix, 7 fr. 50 c.

7° *Cours abrégé, idem,* ne contenant que les mêmes 4526 citations, sans traduction et sans explication ; in-24, trois parties cartonnées séparément ; ensemble 5 fr.

———

8° *Notice sur les Caléfacteurs,* brevetés d'invention, approuvés par l'Académie des Sciences, etc., leurs grandeurs, usages, prix, etc., 25° édition. Prix, 50 cent.

SUR

LA PEINE DE MORT.

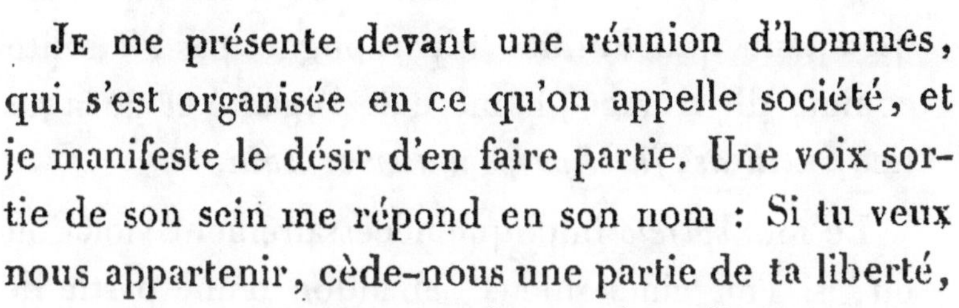

Je me présente devant une réunion d'hommes, qui s'est organisée en ce qu'on appelle société, et je manifeste le désir d'en faire partie. Une voix sortie de son sein me répond en son nom : Si tu veux nous appartenir, cède-nous une partie de ta liberté, et nous nous chargerons de protéger l'autre contre la fraude et la violence.

Puis, élevant le ton, la même voix ajoute : *Tu ne franchiras pas ce fossé, ou tu seras frappé de mort.* De l'exécution de cet ordre sévère dépend le salut commun. Vois, choisis ; reste ou va chercher ailleurs un sort plus libre.

On demande si cette société a le droit de m'imposer de telles conditions, surtout la dernière,

Je commence par supposer que ces conditions sont utiles à la société qui me les propose. Dès-lors je les mets les unes et les autres sur la même ligne.

Mais on m'arrête et l'on s'écrie : Personne ne peut disposer de ta vie, tu n'en peux disposer toi-même ; car c'est un don de Dieu, et tu dois attendre qu'il le réclame. — Je n'entends rien à ce langage ; donner et retenir ne vaut, dit le proverbe. Si la vie est un don, elle est à moi ; et si elle me devient à charge, je puis, quand il me plaît, en couper la trame.

Je suis donc maître de ma vie, et j'ai pu l'engager dans le contrat que j'ai fait avec la société ; contrat toutefois qui n'a de force de part et d'autre qu'autant que l'utilité n'y répugne pas, l'utilité, comme dit Horace, la mère de l'égalité et de la justice, *utilitas, justi propè mater et æqui.*

Le mot *société* implique nécessairement violation, ou, si l'on aime mieux, abandon d'une partie des droits de la nature : il n'y a de société qu'à ce prix.

En principe, la société a donc le droit d'infliger la peine de mort. Mais il est évident que ce droit immense ne peut être réduit en pratique qu'autant que l'exercice en est utile.

Il s'agit donc uniquement d'examiner si l'infliction de la peine de mort peut être utile à la société.

Mais pour résoudre cette question, il faut nécessairement entrer dans des détails; je diviserai les crimes en civils et en politiques.

CRIMES CIVILS.

Je supposerai d'abord les crimes les plus graves. Tel homme a comblé la mesure, il a volé, violé et tué. Est-il utile qu'il soit puni de mort?

Je réponds : n'existe-t-il aucun abri contre la fureur de ce forcené, aucune prison, aucune île sauvage et lointaine qui puisse nous séparer de lui? Usons du droit de légitime défense, tuons-le comme une bête féroce qui s'est échappée de sa forêt.

Mais si nous l'avons fait prisonnier, et qu'il nous soit facile de nous garantir de sa rage, non-seulement aujourd'hui, mais demain, mais toujours, quelle utilité y aurait-il à le tuer?

La mort, dira-t-on, mérite la mort. Mais si la mort méritée est sans profit pour la société, à quoi bon accepter une compensation qui réellement n'en est pas une? Tuer sans nécessité, ce serait un nouveau crime. La mort n'est qu'un instant. La séquestration a de la durée; elle donne au criminel le temps de l'expiation et du repentir, et à ceux qui seraient tentés de l'imiter, un exemple vivant, tout à la fois terrible et durable. Un châtiment qui s'applique avec la soudaineté de la foudre ressemble plus à de la colère qu'à de la justice.

Mais supposons que devant dix à quinze mille spectateurs de tout sexe et de tout âge la tête du coupable tombe sous la hache. Vous voyez l'assassin légal, qui pour un peu d'argent va, de sang-froid, tuer son semblable ; un ou plusieurs escadrons de gendarmerie, et une foule immense, qui se déclare en quelque sorte son complice. Je ne parle pas des juges qui ont prononcé le sanglant arrêt.

Ici je demanderai pourquoi, s'il est si utile, si beau de punir le meurtre par le meurtre, le nom de bourreau est une si cruelle injure, et pourquoi vous qualifiez si mal les malheureux, forcés par votre police à prêter leur concours à de tels actes ? C'est que chez vous l'instinct parle plus haut que la raison, que la raison étouffée par de longues habitudes et corrompue par les sophismes.

Vous abhorrez l'assassinat, et vous allez le répéter sur les places publiques, en donner de vastes leçons ! car le sang appelle le sang ; et ne vous y trompez pas, la vue d'un coup semblable apprend à le donner.

Il apprendrait à vaincre en me regardant faire.

C'est ainsi que tout s'apprend. Combien de malheureux ont fait leur apprentissage en place de Grève ! Leurs yeux ont vu l'assassin public gagner en quelques minutes son triste salaire. L'occasion d'un profit semblable vient s'offrir. La peine est dans le lointain, l'intérêt dans le présent. La main frappe. Sur la même place publique, ils ont appris en même temps à tuer et à mourir : *Horæ momento, cita mors venit aut victoria læta.*

Ce résultat a été si bien observé et si profondément senti par les États-Unis, que depuis quelques années on y a renoncé aux exécutions publiques.

Mais, dira-t-on, rien ne peut suppléer la peine de mort ; sans elle les assassinats seraient plus multipliés. L'histoire est là pour répondre, et ses documents pourraient fournir un long mémoire.

Je ne citerai que deux faits :

La Gironde, violant la représentation nationale, provoqua contre Marat la peine de mort. On frémit, on n'a pas assez de larmes, quand on pense de quelle terrible manière elle subit son propre exemple.

Lyon voulut la mort de Châlier ; de jeunes filles elles-mêmes la signèrent. A trois longues reprises, le bourreau, pour repaître plus long-temps la férocité des honnêtes gens, suspendit et fit tomber le couteau fatal. On connaît les suites. A une époque peu éloignée de là, tous les signataires sans distinction d'âge ni de sexe furent traînés devant d'autres furieux, et une mort fut payée par cinq mille morts, y compris celle du bourreau.

Il ne me reste donc qu'une objection à résoudre : c'est la possibilité des évasions et de nouveaux crimes de la part des condamnés.

Pour couper court, je suppose que ni l'étroitesse, ni la solidité de vos prisons, ni l'éloignement d'un nouveau Synamarie, ou d'un nouveau Saint-Hélène, ne vous rassurent, que même d'intervalle en intervalle, un ou plusieurs assassins se rejettent dans la société.

Comparons ce malheur à ceux que ferait éviter la peine de mort, et comptons :

D'abord nous aurions de moins tous les assassins que vous faites en professant, en pratiquant l'assassinat sur les places publiques ;

Secondement, tous ceux que vos jurés acquittent si souvent, dans la crainte toujours si louable, mais quelquefois exagérée, de signer une condamnation injuste ou exorbitante ;

En troisième lieu, les assassins involontaires (juges ou jurés), qui, trompés presque invinciblement par de fausses apparences, font subir à l'innocent la peine du coupable, nouveau genre d'assassinat qui ébranle l'ordre social et bouleverse toutes les idées.

CRIMES POLITIQUES.

Pour entrer de suite en matière, je suppose que l'évadé de l'île d'Elbe eût été fusillé en mettant le pied sur notre territoire. N'est-il pas évident que par ce fait seul nous échappions à Waterloo, à l'invasion étrangère, et à la rançon d'un milliard?

N'est-il pas vrai que ce fut par un instinct de conservation que Napoléon fit périr le duc d'Enghien, que les tyrans d'Asie, et en général tous les tyrans du monde étouffent, quand ils le peuvent, jusqu'au dernier rejeton de la famille princière dite légitime?

Et puis, comme l'énonce le propos féroce : *Il n'y a que les morts qui ne reviennent pas ;* on sait qu'en révolution rien n'est désespéré tant qu'on respire ; que les portes des prisons, des bagnes, des châteaux-forts sont sujets d'une année, d'un mois à l'autre, à s'ouvrir aux prisonniers d'état, et qu'ainsi la peine de mort étant supprimée, les conspirateurs seraient plus à l'aise.

Il n'y a donc pas de doute qu'en matière politique l'abolition de la peine de mort tire plus à conséquence qu'en matière civile.

Pour répondre à ces arguments, je conviens que par la mort de Bonaparte à son débarquement à Cannes, on échappait au désastre de 1815 ; mais il faut convenir aussi qu'en lui laissant la vie, on pouvait également y échapper. Il ne s'agissait que de le transférer dans une île plus lointaine et plus sûre : mesure qui fut effectuée cent jours après, et dont on a pu juger les résultats. Pendant sa captivité, ses compagnons de gloire ne cessèrent, il est vrai, de tourner leurs regards vers ce nouveau Caucase, mais tout fut borné là. Qui sait si sa mort ne les eût point exaspérés, sa mort encore si voisine de tant de triomphes, et que n'osèrent prononcer les rois vainqueurs, encore tremblant devant celui qu'ils s'étaient accoutumés à regarder comme leur maître? Mais, comme pour tempérer la joie que nous eût causée la chute d'une dynastie méprisée, au lieu de la liberté, nous pouvions recueillir le despotisme militaire, moins honteux sans doute que le jésuitisme, mais plus dur encore et plus brutal. Le temps nous a mieux servis; car si les Bourbons ont régné peut-être dix à douze ans de plus, nous avons eu l'avantage de reprendre notre éducation politique, que des prestiges de gloire nous avaient fait interrompre.

> Le pouvoir absolu grandit pour succomber;
> N'est-il plus contredit? il est près de tomber.

Il est de fait qu'en général plus il tue, plus il avance sa ruine. Cependant il tuera, c'est sa nature. C'est un moyen si expéditif de mettre hors de cour ses concurrents, et de répondre à ses ennemis! Mais ce n'est point aux tyrans que je m'adresse, d'abord ils ne lisent point; et mes doctrines ne sont point à leur usage.

Mais je dis que, s'il se trouve au monde un prince qui se croie institué pour le peuple, et qui mette son bonheur et sa gloire à le rendre heureux, il proposera la suppression de la peine de mort, même pour les délits politiques.

Les conspirations, s'il s'en forme sous son règne, ne seront que des méprises, dont le bon sens national fera justice; ou, si elles sont provoquées par l'opinion publique, elles lui révèleront qu'il est entouré de conseillers incapables ou perfides, et le réveilleront au bord de l'abîme. Que si des juges trompés ou serviles prononcent des sentences injustes ; le temps, qui épure tout, ne tardera pas à faire briller la vérité dans tout son éclat. Alors nous n'aurons pas besoin de tromper notre douleur par de vaines cérémonies expiatoires ; tout pourra être réellement réparé, et de beaux jours luiront encore pour les victimes.

FIN.

TROYES , IMPRIMERIE D'ANNER-ANDRÉ.